官箴荟要

七

线装书局

目录

呻吟语·治道

〔明〕吕坤 撰

《呻吟语》共六卷，分为内外篇，内篇又分性命、存心、伦理、谈道、修身、问学、应务、养生八门；外篇分天地、世运、圣贤、品藻、治道、人情、物理、广喻、词章九门。系撰者吕坤对宇宙人生等方方面面的观察与思考，极具哲理及智慧。文皆为语录体。本书在选录时，只选其与为官之道更为密切的第五卷『治道』门。

吕坤（一五三六至一六一八），河南宁陵人。他一生历经嘉靖、隆庆、万历三朝，曾在陕西、山西、山东及朝廷为官二十馀年。六十二岁时，因上呈《忧危疏》而遭谗，辞官居家，八十三岁卒于故里。他在自序中说：『呻吟语，病时疾痛语也』。『所志《呻吟语》凡若干卷，携以自药』。其『疾痛语』自有深意在。

一　庙堂之上以养正气为先，海宇之内以养元气为本。能使贤人君子无郁心之言，则正气培矣；能使群黎百姓无腹诽之语，则元气固矣。此万世帝王保天下之要道也。

二　六合之内，有一事一物相陵夺假借而不各居其正位，不成清世界，有匹夫匹妇冤抑愤懑而不得其分愿，不成平世界。

三　天下万事万物皆要求个实用，实用者与吾身心关损益者也。凡一切不急之物，供耳目之玩好，皆非实用也。愚者甚至丧其实用以求无用，悲夫！是故明君治天下，必先尽革靡文而严诛淫巧。

四　当事者若执一簿书寻故事，循弊规，只用积年书手也得。

五　兴利无太急，要左视右盼；革弊无太骤，要长虑却顾。

六　苟可以柔道，理不必悻直也；苟可以无为，理不必多事也。

七　经济之士，一居言官，便一建白，此是上等人，去缄默保位者远，只是治不古，若非前人议论不精，乃令人推行不力，试稽旧牍，今日我所言，昔人曾道否？若只一篇文章了事，虽奏牍如山，只为纸笔作孽障，架阁上添鼠食耳。夫士君子建白岂欲文章奕世哉？冀谏行而民受其福也。今诏令刊布遍中外，而民间疾苦自若，当求其故。故在实政不行而虚文搪塞耳。综核不力，罪将谁归？

八　为政之道，以不扰为安，以不取为与，以不害为利，以行所无事为兴废起弊。

九　从政自有个大体，大体既立，则小节虽有抵牾，当别作张弛，以辅吾大体之所未备，不可便改弦易辙。譬如待民贵有恩，此大体也。即有顽暴不化者，重刑之，而待民之大体不变。待士有礼，此大体也。即有淫肆不检者，严治之，而待士之大体不变。彼始之宽也，既养士民之恶；终之猛也，概及士民之善，非政也，不立大体故也。

一〇　为政先以扶持世教为主，在上者一举措间，而世教之隆污、风俗之美恶系焉。若不管大体如何，而执一时之偏见，虽一事未为不得，而风化所伤甚大。是谓乱常之政，先王慎之。

十一　人情之所易忽莫如渐，天下之大可畏莫如渐。渐之始也，虽君子不以为意。有谓其当防者，虽君子亦以为迂。不知其极重不反之势，天地圣人亦无如之奈何，其所由来者渐也。周郑交质，若出于骤然，天子虽孱懦甚，亦必有恚心。诸侯虽豪横极，岂敢生此念？迨积渐所成，其流不觉至是。故步视千里为远，前步视后步为近。千里者，步步之积也。是以骤者，举世所惊；渐者，圣人独惧。明以烛之，坚以守之，毫发不以假借，此慎渐之道也。

十二　君子之于风俗也，守先王之礼而俭约是崇，不妄开事端以贻可长之渐。是故漆器不至金玉而刻镂之

不止，黼黻不至庶人锦绣被墙屋不止。民贫盗起不顾也，严刑峻法莫禁也。是故君子谨其事端，不开人情窦而恣小人无厌之欲。

十三　著令甲者，凡以示天下万世，最不可草率，草率则行时必有滞碍。最不可含糊，含糊则行者得以舞文。最不可疏漏，疏漏则出于吾令之外者无以凭借，而行者得以专辄。

十四　筑基树臬者，千年之计也。改弦易辙者，百年之计也。兴废补敝者，十年之计也。垩白黝青者，一时之计也。因仍苟且，势必积衰；助波覆倾，反以裕蛊。先天下之忧者，可以审矣。

十五　气运怕盈，故天下之势不可使之盈。既盈之势，便当使之损。是故不测之祸、一朝之忿，非目前之积

也，成于势盈。势盈者不可自损，捧盈卮者徐行不如少挹。

十六　微者正之，甚者从之，从微则甚，正甚愈甚。天地万物气化人事莫不皆然。是故正微从甚，皆所以禁之也，此二帝三王之所以治也。

十七　圣人治天下，常令天下之人精神奋发，意念敛束。奋发则万民无弃业，而兵食足，义气充，平居可以勤国，有事可以捐躯。敛束则万民无邪行，而身家重，名检修，世治则礼法易行，国衰则奸盗不起。后世之民怠惰放肆甚矣，臣民而怠惰放肆，明主之忧也。

十八　能使天下之人者，惟神、惟德、惟惠、惟威。神则无言无为而妙应如响，德则共尊共亲而归附自同，惠则民利其利，威则民畏其法，非是则动众无术矣。

十九　只有不容已之真心，自有不可易之良法。其处之未必当者，必其思之不精者也。其思之不精者，必其心之不切者也。故有纯王之心，方有纯王之政。

二〇　《关雎》是个和平之心，《麟趾》是个仁厚之德，只将和平仁厚念头行政，则仁民爱物，天下各得其所。不然《周官》法度以虚文行之，岂但无益，且以病民。

二十一　『民胞物与』，子厚胸中合下有这段著痛著痒心，方说出此等语。不然只是做戏的一般，虽是学哭学笑，有甚悲喜？故天下事只是要心真。二帝三王亲亲仁民爱物，不是向人学得来，亦不是见得道理当如此。曰亲，曰仁，曰爱，看是何等心肠，只是这点念头恳切殷浓，至诚恻怛，譬之慈母爱子，由不得自家，所以有许多生息爱养之政。悲夫，可为痛哭也已。

二十二　为人上者，只是使所治之民，个个要聊生，人人要安分，物物要得所，事事要协宜，这是本然职分。遂了这个心，才得畅然一霎欢，安然一觉睡。稍有一民一物一事不妥贴，此心如何放得下。何者？为一郡邑长，一郡邑皆待命于我者也。为一国君，一国皆待命于我者也。为天下主，天下皆待命于我者也。无以答其望，何以称此职？何以居此位？夙夜汲汲图维之不暇，而暇于安富尊荣之奉，身家妻子之谋，一不遂心而淫怒是逞邪？夫付之以生民之寄，宁为盈一己之欲哉？试一反思，便当愧汗。

二十三　王法上承天道，下顺人情，要个大中至正，不容有一毫偏重偏轻之制。行法者要个大公无我，不容有一毫故出故入之心，则是天也。君臣以天行法，而后下民以天相安。

二十四　人情天下古今所同，圣人惧其肆，特为之立中以防之，故民易从。有乱道者从而矫之，为天下古今所难为之事，以为名高，无识者相与骇异之，崇奖之，以率天下。不知凡于人情不近者，皆道之贼也。故立法不可太激，制礼不可太严，责人不可太尽。然后可以同归于道，不然是驱之使畔也。

二十五　振玩兴废用重典，惩奸止乱用重典，齐众摧强用重典。

二十六　民情有五，皆生于便。见利则趋，见色则爱，见饮食则贪，见安逸则就，见愚弱则欺，皆便于己故也。惟便则术不期工而自工，惟便则奸不期多而自多。君子固知其难禁也，而德以柔之，教以谕之，礼以禁之，法以惩之。终日与便为敌而竟不能衰止。禁其所便与强其所不便，其难一也。故圣人治民如治水，不能使不就下，能分之使不泛溢而已。堤之使不决，虽尧、舜不能。

二十七　尧、舜无不弊之法，而恃有不弊之身，用救弊之人，以善天下之治，如此而已。今也不然，法有九利不能必其无一害，法有始利不能必其不终弊。嫉才妒能之人，惰身利口之士，执其一害终弊者讪笑之，谋国不切而虑事不深者从而附和之，不曰：『天下本无事，安常袭故何妨』；则曰：『时势本难为，好动喜事何益』。至大坏极弊，瓦解土崩而后付之天命焉。呜呼！国家养士何为哉？士君子委质何为哉？儒者以宇宙为分内何为哉？

二十八　官多设而数易，事多议而屡更，生民之殃未知所极。古人慎择人而久任，慎立政而久行，一年如

是，百千年亦如是，不易代不改政，不弊事不更法。故百官法守一，不敢作聪明以擅更张。百姓耳目一，不至乱听闻以乖政令。日渐月渍，莫不遵上之纪纲法度，以淑其身；习上之政教号令，以成其俗。譬之寒暑不易，而兴作者，岁岁有持循焉；道路不易，而往来者，年年知远近焉。何其定静，何其经常，何其相安，何其易行，何其省劳费。或曰：『法久而弊，奈何？』曰：『寻立法之本意而救偏补弊耳。善医者，去其疾，不易五脏，攻本脏，不及四脏。善补者，缝其破，不翦余完，浣其垢，不改故制。

二十九　圣明之世，情、礼、法三者不相忤也。末世情胜则夺法，法胜则夺礼。

三○　汤武之《诰》、《誓》，尧舜之所悲，桀纣之所笑也。是岂不示信于民而白己之心乎？尧舜曰：『何待哓

哓尔示民，民不忍不从。』桀纣曰：『何待晓晓尔示民，民不敢不从。』观《书》之《诰》、《誓》，而知王道之衰矣。世道至汤武，其势必有桀、纣，又其势必至有秦、项、莽、操也。是故维持世道者，不可不虑其流。

三一　圣人能用天下，而后天下乐为之用。圣人以心用天下，以形用心，用者，无用者也，众用之所恃以为用者也。若与天下竞智勇，角聪明，则穷矣。

三二　后世无人才，病本只是学政不修，而今把作万分不急之务，才振举这个题目，便笑倒人。官之无良，国家不受其福，苍生且被其祸，不知当何如处？

三三　圣人感人心，于患难处更验。盖圣人平日仁渐义摩，深恩厚泽入于人心者化矣。及临难处仓卒之际，何暇思图，拿出见成的念头来，便足以捐躯赴义。非曰我以此成名也，我以此报君也，彼固亦不自知其何为，而迫切至此也。其次捐躯而志在图报，其次易感而终难，其次厚赏以激其感。噫！至此而上下之相与薄矣，交孚之志解矣。嗟夫！先王何以得此于人哉。

三四　圣人在上，能使天下万物各止其当然之所，而无陵夺假借之患，夫是之谓各安其分而天地位焉。能使天地万物遂其同然之情，而无抑郁倔强之态，夫是之谓各得其愿而万物育焉。

三五　民情既溢，裁之为难。裁溢如割骈拇赘疣，人甚不堪。故裁之也欲令民堪，有渐而已矣。安静而不震激，此裁溢之道也。故圣王在上，慎所以溢之者，不生民情，礼义以驯之，法制以防之，不使潜滋暴决，此慎溢之道也。二者帝王调剂民情之大机也，天下治乱恒必由之。

三六　创业之君，当海内属目倾听之时，为一切雷厉风行之法，故令行如流，民应如响。承平日久，法度疏阔，人心散而不收，惰而不振，顽而不爽。譬如熟睡之人，百呼若聋；久倦之身，两足如跛。惟是盗贼所追，水火所迫，或可猛醒而急奔。是以诏令废格，政事颓靡，条上者纷纷，申饬者累累，而听之者若罔闻。知徒多书发之劳、纸墨之费耳。即杀其尤者一人以号召之，未知肃然改视易听否，而迂腐之儒犹曰宜崇长厚，勿为激切。嗟夫！养天下之祸，甚天下之弊者，必是人也。故物垢则浣，甚则改为；室倾而支，甚则改作。中兴之君，综核名实，整顿纪纲，当与创业等而后可。

三七　先王为政全在人心上用工夫，其体人心在我心上用工夫，何者？同然之故也。故先王体人于我而民心得，天下治。

三八　天下之患，莫大于苟可以而止。养颓靡不复振之习，成极重不可反之势，皆『苟可以』三字为之也。是以圣人之治身也，勤励不息，其治民也，鼓舞不倦。不以无事废常规，不以无害忽小失。非多事，非好劳也。诚知夫天下之事，廑未然之忧者尚多或然之悔，怀太过之虑者犹贻不及之忧，兢慎始之图者不免怠终之患故耳。

三九　天下之祸，成于怠忽者居其半，成于激迫者居其半。惟圣人能销祸于未形，弭患于既著，夫是之谓知微知彰。知微者不动声色，要在能察几；知彰者不激怒涛，要在能审势。呜呼！非圣人之智，其谁与于此。

四〇　精神爽奋则百废俱兴，肢体怠弛则百兴俱废。圣人之治天下，鼓舞人心，振作士气，务使天下之人如含露之朝叶，不欲如久旱之午苗。

四一　而今不要掀揭天地，惊骇世俗，也须拆洗乾坤，一新光景。

四二　无治人，则良法美意反以殃民；有治人，则弊习陋规皆成善政。故有文武之政，须待文武之君臣。不然，青萍结绿非不良剑也，乌号繁弱非不良弓矢也，用之非人，反以资敌。予观放赈、均田、减粜、检灾、乡约、保甲、社仓、官牛八政而伤心焉。不肖有司，放流有余罪矣。

四三　振则须起风雷之《益》，惩则须奋刚健之《乾》，不如是，海内大可忧矣。

四四　一呼吸间四肢百骸无所不到，一痛痒间手足心知无所不通，一身之故也。无论人生，即偶，提一线而浑身俱动矣，一脉之故也。守令者，一郡县之线也；监司

者，一省路之线也；君相者，天下之线也。心知所及，而四海莫不精神；政令所加，而万姓莫不鼓舞者何？提其线故也。令一身有痛痒而不知觉，则为痴迷之心矣。手足不顾，则为痿痹之手足矣。三代以来，上下不联属久矣，是人各一身，而家各一情也，死生欣戚不相感，其罪不在下也。

四五　夫民怀敢怒之心，畏不敢犯之法，以待可乘之衅，众心已离，而上之人且恣其虐以甚之，此桀、纣之所以亡也。是以明王推自然之心，置同然之腹，不恃其顺我者迹，而欲得其无怨我者之心。体其意欲而不忍拂，知民之心不尽见之于声色，而有隐，而难知者在也。此所以固结深厚，而子孙终必赖之也。

四六　圣主在上，只留得一种天理民彝经常之道

以至闾里，只把持得『公』字定，便自天清地宁、政清讼息。只一个『私』字，扰攘的不成世界。

五三　王道感人处，只在以我真诚恻怛之心，体其委曲必至之情。是故不赏而劝，不激而奋。出一言而能使人致其死命，诚故也。

五四　人君者，天下之所依以忻戚者也。一念怠荒，则四海必有废弛之事；一念纵逸，则四海必有不得其所之民。故常一日之间，几运心思于四海，而天下尚有君门万里之叹。苟不察群情之向背，而惟己欲之是恣，呜呼！可惧也。

五五　天下之存亡系两字，曰『天命』。天命之去就系两字，曰『人心』。

五六　耐烦则为三王，不耐烦则为五霸。

五七　一人忧则天下乐，一人乐则天下忧。

五八　圣人联天下为一身，运天下于一心。今夫四肢百骸、五脏六腑皆吾身也，痛痒之微无有不觉、无有不顾，四海之痛痒，岂帝王所可忽哉！夫一指之疔如粟，可以致人之死命，国之存亡不在耳目闻见时，闻见时则无及矣。此以利害言之耳。一身麻木若不是我，非身也。人君者，天下之人君；天下者，人君之天下。而血气不相通，心知不相及，岂天立君之意邪！

五九　无厌之欲，乱之所自生也；不平之气，乱之所由成也。皆有国者之所惧也。

六〇　用威行法，宜有三预，一曰上下情通，二曰惠爱素孚，三曰公道难容。如此，则虽死而人无怨矣。

六一　第一要爱百姓，朝廷以赤子相付托，而士民以父母相称谓。试看父母之于赤子是甚情怀，便知长民底道理。就是愚顽梗化之人，也须耐心，渐渐驯服。王者必世而后仁，揣我自己德教有俄顷过化手段否，奈何以积习惯恶之人而遽使之贴然我顺，一教不从而遽赫然武怒邪？此居官第一戒也。有一种不可驯化之民，有一种不教而杀之罪，此特万分之一耳，不可以立治体。

六二　天下所望于圣人，只是个『安』字；圣人所以安天下，只是个『平』字。平则安，不平则不安矣。

六三　三军要他轻生，万姓要他重生。不轻生不能戡乱，不重生易于为乱。

六四　太古之世，上下相忘，不言而信。中古上下求相孚，后世上下求相胜。上用法胜下，下用欺以避法。下以术胜上，上用智以防术。以是而欲求治，胡可得哉？欲复古道，不如一待以至诚，诚之所不孚者，法以辅之，庶几不死之人心尚可与还三代之旧乎！

六五　治道尚阳，兵道尚阴；治道尚方，兵道尚圆。是惟无言，言必行；是惟无行，行必竟。易间明达者，治之用也。有言之不必行者，有言之即行者，有行之后言者，有行之竟不言者，有行之非其所言者，融通变化，信我疑彼者，兵之用也。二者杂施，鲜不败矣。

六六　任人不任法，此惟尧舜在上，五臣在下可矣。非是而任人，未有不乱者。二帝三王非不知通变宜民、达权宜事之为善也，以为吾常御天下，则吾身即法也，何以法为？惟夫后世庸君具臣之不能兴道致治，暴君邪臣之敢于恣恶肆奸也，故大纲细目备载具陈，以防检之，以诏示之。固知夫今日之画一必有不便于后世之推行也，以为圣子神孙自能师其意而善用于不穷，且尤足以济吾法之所未及。庸君具臣相与守之而不敢变，亦不失为半得。暴君邪臣即欲变乱而弁髦之，犹必有所顾忌，而法家拂士亦得执祖宗之成宪，以匡正其恶而不苟从，暴君邪臣亦畏其义正事核也，而不敢遽肆，则法之不可废也明矣。

六七　善用威者不轻怒，善用恩者不妄施。

六八　居上之患莫大于赏无功、赦有罪，尤莫大于有功不赏而罚及无罪。是故，王者任功罪不任喜怒，任是非不任毁誉。所以平天下之情，而防其变也。此有国家者之大戒也。

六九　事有知其当变而不得不因者，善救之而已矣。人有知其当退而不得不用者，善驭之而已矣。

七〇　下情之通于上也，如婴儿之于慈母，无小弗

达。上德之及于下也，如流水之于间隙，无微不入。如此而天下乱亡者，未之有也。故壅蔽之奸，为亡国罪首。

七一　不齐，天之道也，数之自然也。故万物生于不齐，而死于齐。而世之任情厌事者，乃欲一切齐之，是益以甚其不齐者也。夫不齐其不齐，则简而易治，齐其不齐，则乱而多端。

七二　宇宙有三纲，智巧者不能逃也。一王法，二天理，三公论。可畏哉！

七三　《诗》云：『乐只君子，民之父母。』又曰：『岂弟君子，民之父母。』君子观于《诗》，而知为政之道矣。

七四　既成德矣，而诵其童年以小失；既成功矣，而笑其往日之偶败，皆刻薄之见也，君子不为。

七五　任是最愚拙人，必有一般可用，在善用之者

则作伪以逃防，巧则变法以生弊，不但去害而反益其害。彼作者十而犯者一耳，又轻其罪以为未犯者劝，法奈何得行？故行法不严，不如无法。

九九　世道有三责：责贵、责贤、责坏纲乱纪之最者。三责而世道可回矣。贵者握风俗教化之权而首坏，以为庶人倡，则庶人莫不象之。贤者明风俗教化之道而自坏，以为不肖者倡，则不肖者莫不象之。责此二人，此谓治本。风教既坏，诛之不可胜诛，故择其最甚者以令天下，此谓治末。本末兼治，不三年而四海内光景自别。乃今贵者、贤者为教化风俗之大蠹，而以体面宽假之，少严则曰苛刻以伤士大夫之体，不知二帝三王曾有是说否乎？世教衰微，人心昏醉，不知此等见识何处来？所谓淫朋比德相为庇护，以藏其短，而道与法两病矣。天下如何不敝且乱也！

一〇〇　印书先要个印板真，为陶先要个模子好。以邪官举邪官，以俗士取俗士，国欲治，得乎？

一〇一　不伤财，不害民，只是不为虐耳。苟设官而惟虐之虑也，不设官其谁虐之？正为家给人足，风移俗易，兴利除害，转危就安耳。设廉静寡欲，分毫无损于民，而万事废弛，分毫无益于民也，逃不得『尸位素餐』四字。

一〇二　天地所以信万物，圣人所以安天下，只是一个『常』字。常也者，帝王所以定民志者也。常一定，则乐者以乐为常，不知德；苦者以苦为常，不知怨。若谓当然，有趋避而无恩仇。非有大奸巨凶不敢辄生餍足之望、忿恨之心。何则？狃于常故也。故常不至大坏极敝，只宜调适，不可轻变。一变则人人生觊觎心，一觊觎则大家引领垂涎，生怨起纷，数年不能定。是以圣人只是慎常，不敢轻变。必不得已，默变不敢明变，公变不敢私变，分变不敢溷变。

一〇三　纪纲法度整齐严密，政教号令委曲周详，原是实践躬行，期于有实用，得实力。今也自贪暴者奸法，昏惰者废法，延及今日，万事虚文。甚者迷制作之本意而不知，遂欲并其文而去之。只今文如学校，武如教场，书声军容非不可观可听，将这二途作养人用出来，令人哀伤愤懑欲死。推之万事，莫不皆然，安用缙绅簪缨塞破世间哉！明王不大振作，不苦核实，势必乱亡而后已。

一〇四　安内攘外之路，须责之将吏，将吏不得其人，军民且不得其所。安问夷狄？是将吏也，养之不善，则责之文武二学校；用之不善则责吏兵两尚书。或曰：

『养有术乎？』曰：『何患于无术。』儒学之大坏极矣，不十年不足以望成材。武学之不行久矣，不十年不足以求名将。至于遴选于未用之先，条责于方用之际，综核于既用之后，黜陟于效不效之时，尽有良法，可旋至而立有验者。

一〇五　而今举世有一大迷，自秦汉以来，无人悟得。官高权重，原是投大遗艰，譬如百钧重担，须寻乌获来担；连云大厦，须用大木为柱。乃朝廷求贤才借之名器以任重，非朝廷市私恩，假之权势以荣人也。今也崇阶重地，用者以为荣人，重以予其所爱，而固以吝于所疏，不论其贤不贤。其用者以为荣已，未得则眼穿涎流以干人，既得则损身镂骨以感德，不计其胜不胜。旁观者不论其官之称不称，人之宜不宜，而以资浅议骤迁，以格卑议他惨刻，更不说他奸诈。如今官府教民迁善远罪，只靠那刑威，全是霸道，他有甚诈伪？看来王霸考语自有见成公案，曰以德以力所行底，门面都是一般仁义。如五禁之盟，二帝三王难道说他不是？难道反其所为？他只是以力行之耳。『德力』二字最确，『诚伪』二字未稳，何也？王霸是个粗分别，不消说到诚伪上，若到细分别处，二帝三王便有诚伪之分，何况霸者？

一一〇　骤制则小者未必贴服，以渐则天下无豪杰皆就我羁靮矣。明制则愚者亦生机械，默制则天下无智巧皆入我范围矣。此驭夷狄、待小人之微权，君子用之则为术知，小人用之则为智巧，舍是未有能济者也。或曰：『何不以至诚行之？』曰：『此何尝不至诚？但不浅露轻率耳。』孔子曰：『机事不密，则害成。』此之谓与？

一一一　迂儒识见看得二帝三王事功只似阳春雨露，妪煦可人，再无一些冷落严肃之气。便是慈母也有诃骂小儿时，不知天地只恁阳春成甚世界？故雷霆霜雪不备，不足以成天威怒；刑罚不用，不足以成治。只五臣耳，还要一个皋陶，而二十有二人，犹有四凶之诛。今只把天德王道看得恁秀雅温柔，岂知杀之而不怨，便是存神过化处，目下作用须是汗吐下后，服四君子、四物百十剂，才是治体。

一一二　三公示无私也，三孤示无党也，九卿示无隐也。事无私曲，心无闭藏，何隐之有？呜呼！顾名思义，官职亦少称矣。

一一三　要天下太平，满朝只消三个人，一省只消两个人。

一一四 贤者只是一味，圣人备五味。一味之人其性执、其见偏，自有用其一味处，但当因才器使耳。

一一五 天之气运有常，人依之以作事而百务成，因之以长养而百病少。上之政体有常，则下之志趋定而渐可责成。人之耳目一而因以寡过。

一一六 君子见狱囚而加礼焉，今以后皆君子人也，可无敬与？噫！刑法之设，明王之所以爱小人而示之以君子之路也。然则囹圄者，小人之学校与！

一一七 小人只怕他有才，有才以济之，流害无穷。君子只怕他无才，无才以行之，斯世何补！

一一八 事有便于官吏之私者，百世常行，天下通行，或日盛月新，至弥漫而不可救。若不便于己私，虽天下国家以为极便，屡加申饬，每不能行，即暂行亦不能久。负国负民，吾党之罪大矣。

一一九 恩威当使有余，不可穷也。天子之恩威止于爵三公、夷九族，恩威尽而人思以胜之矣。故明君养恩不尽，常使人有馀荣；养威不尽，常使人有馀惧。此久安长治之道也。

一二〇 封建自五帝已然，三王明知不便，势与情不得不用耳。夏继虞而诸侯无罪，安得废之？汤放桀，费征伐者十一国，余皆服从，安得而废之？武伐纣，不期而会者八百，其不会者或远或不闻，亦在三分有二之数，安得而废之？使六国尊秦为帝，秦亦不废六国，缘他不肯服，势必毕六王而后已。武王之兴灭继绝，孔子之继绝举废，亦自其先世曾有功德，及灭之，不以其罪言之耳。非谓六师所移及九族无血食者，必求复其国也。故封建不成、宜民利国。今也怀贪功喜事之念，为孟浪苟且之图，工粉饰弥缝之计，以遂其要荣取贵之奸。为万姓造殃不计也，为百年开衅不计也，为四海耗蠹不计也，计吾利否耳。呜呼！可胜叹哉！

一三二　为人上者最怕器局小、见识俗，吏胥舆皂尽能笑人，不可不慎也。

一三三　为政者立科条、发号令，宁宽些儿，只要真实行，永久行。若法极精密而督责不严、综核不至，总归虚弥，反增烦扰。此为政者之大戒也。

一三四　民情不可使不便，不可使甚便。不便则壅阏而不通，甚者令之不行，必溃决而不可收拾。甚便则纵肆而不检，甚者法不能制，必放溢而不敢约束。故圣人同其好恶以体其必至之情，纳之礼法以防其不可长之渐，故能相安相习而不至于为乱。

一三五　居官只一个快性，自家讨了多少便宜，左右省了多少负累，百姓省了多少劳费。

一三六　自委质后，终日做底是朝廷官，执底是朝廷法，干底是朝廷事。荣辱在君，爱憎在人，进退在我。吾辈而今错处把官认作自家官，所以万事顾不得，只要保全这个在，扶持这个尊。此虽是第二等说话，然见得这个透，还算五分人。

一三七　铦矛而秋梃，金矢而秸弓，虽有《周官》之法度而无奉行之人，典谟训诰何益哉！

一三八　二帝三王功业原不难做，只是人不曾理会。譬之遥望万丈高峰，何等巍峨，他地步原自逶迤，上面亦不陡峻，不信只小试一试便见得。

一三九　洗漆以油，洗污以灰，洗油以腻。去小人以人小，此古今妙手也。昔人明此意者几，故以君子去小人，正治之法也。正治是堂堂之阵，妙手是玄玄之机。玄玄之机，非圣人不能用也。

一四〇　吏治不但错枉，去慵懦无用之人，清仕路之最急者。长厚者误国蠹民以相培植，奈何？

一四一　余佐司寇曰，有罪人情极可恨而法无以加者，司官曲拟重条，余不可。司官曰：『非私恶也，以惩恶耳。』余曰『谓非私恶，诚然；谓非作恶，可乎？君以公恶轻重法，安知他日无以私恶轻重法者乎？刑部只有个「法」字，刑官只有个「执」字，君其慎之。』

一四二　有圣人于此，与十人论争，圣人之论是矣。十人亦各是己论以相持，莫不能下。旁观者至，有是圣人

者，有是十人者，莫之能定。必有一圣人至，方是圣人之论，而十人者、旁观者又未必以后至者为圣人，又未必是圣人之是圣人也。然则是非将安取决哉？『旻天』诗人怨王惑于邪谋，不能断以从善。噫！彼王也未必不邪谋为正谋、为先民之经、为大犹之程。当时在朝之臣又安知不谓大夫为邪谋、为迩言也？是故执两端而用中，必圣人在天子之位，独断坚持；必圣人居父师之尊，诚格意孚。不然人各有口，人各有心，在下者多指乱视，在上者蓄疑败谋，孰得而禁之？孰得而定之？

一四三　易衰歇而难奋发者，我也；易懒散而难振作者，众也；易坏乱而难整饬者，事也；易蛊敝而难久常者，物也。此所以治日常少而乱日常多也。故为政要鼓舞不倦，纲常张，纪常理。

一四四　滥准、株连、差拘、监禁、保押、淹久、解审、照提此八者，狱情之大忌也，仁人之所隐也。居官者慎之。

一四五　养民之政，孟子云：『老者衣帛食肉，黎民不饥不寒。』韩子云：『鳏寡孤独废疾者皆有养也。』教民之道，孟子云：『使契为司徒，教以人伦，父子有亲，君臣有义，夫妇有别，长幼有序，朋友有信。放勋曰：「劳之来之，匡之直之，辅之翼之，使自得之，又从而振德之。」』《洪范》曰：『无偏无陂，遵王之义；无有作好，遵王之道；无有作恶，遵王之路；无偏无党，王道荡荡；无党无偏，王道平平；无反无侧，王道正直。会其有极，归其有极。』予每三复斯言，汗辄浃背；三叹斯语，泪便交颐。嗟夫！今之民非古之民乎？今之道非古之道乎？抑世变

若江河，世道终不可反乎？抑古人绝德后人终不可及乎？吾耳目口鼻视古人有何缺欠？爵禄事势视古人有何靳啬？俾六合景象若斯，辱此七尺之躯，靦面万民之上矣。

一四六　智慧长于精神，精神生于喜悦，喜悦生于欢爱。故责人者，与其怒之也，不若教之；与其教之也，不若化之。从容宽大，谅其所不能而容其所不及，恕其所不知而体其所不欲，随事讲说，随时开谕。彼乐接引之诚而喜于所好，感督责之宽而愧其不材，人非木石，无不长进。故曰『敬敷五教在宽』，又曰『无忿疾于顽』，又曰『匪怒伊教』，又曰『善诱人』。今也不令而责之预，不言而责之意，不明而责之喻，未及令人，先怀怒意，挺诟恣加，既罪矣而不详其故，是两相仇、两相苦也，智者之所笑而有量

者之所羞也。为人上者切宜戒之。

一四七　德立行成了，论不得人之贵贱、家之富贫、分之尊卑。自然上下格心，大小象指，历山耕夫有甚威灵气焰？故曰：『默而成之，不言而信，存乎德行。』

一四八　宽人之恶者，化人之恶者也；激人之过者，甚人之过者也。

一四九　五刑不如一耻，百战不如一礼，万劝不如一悔。

一五〇　举大事，动众情，必协众心而后济。不能尽协者，须以诚意格之，恳言入之。如不格不入，须委曲以求济事。不然彼其气力智术足以撼众而败吾之谋，而吾又以直道行之，非所以成天下之务也。古之人神谋鬼谋，以卜以筮，岂真有惑于不可知哉？定众志也，此济事之征权也。

一五一　世间万物皆有所欲，其欲亦是天理人情。天下万世公共之心，每怜万物有多少不得其欲处，有余者盈溢于所欲之外而死，不足者奔走于所欲之内而死，二者均，俱生之道也。常思天地生许多人物，自足以养之，然而不得其欲者，正缘不均之故耳。此无天地不是处，宇宙内自有任其责者。是以圣王治天下不说均就说平，其均平之术只是絜矩，絜矩之方，只是个同好恶。

一五二　做官都是苦事，为官原是苦人，官职高一步，责任更大一步，忧勤便增一步。圣人胼手胝足，劳心焦思，惟天下之安而后乐，是乐者，乐其所苦者也。众人快欲适情，身尊家润，惟富贵之得而后乐，是乐者，乐其所乐者也。

一五三　法有定而持循之不易，则下之耳目心志习而上逸。无定，则上之指授口颊烦而下乱。

一五四　世人作无益事常十九，论有益惟有暖衣、饱食、安居、利用四者而已。臣子事君亲，妇事夫，弟事兄，老慈幼，上惠下，不出乎此。《豳风》一章，万世生人之大法，看他举动，种种皆有益事。

一五五　天下之事，要其终而后知。君子之用心、君子之建立，要其成而后见事功之济否。可奈庸人俗识，谗夫利口，君子才一施设辄生议论，或附会以诬其心，或造言以甚其过，是以志趣不坚、人言是恤者辄灰心丧气，竟不卒功。识见不真、人言是听者辄罢君子之所为，不使终事。呜呼！大可愤心矣。古之大建立者，或利于千万世而不利于一时，或利于千万人而不利于一人，或利于千万事而不利于一事。其有所费也似贪，其有所劳也似虐，其不避嫌也易以招摘取议。及其成功而心事如青天白日矣，奈之何铄金销骨之口夺未竟之施，诬不白之心哉？呜呼！英雄豪杰冷眼天下之事，袖手天下之敝，付之长吁冷笑，任其腐溃决裂而不之理，玩日偈月，尸位素餐，而苟且目前以全躯保妻子者岂得已哉？盖惧此也。

一五六　变法者变时势不变道，变枝叶不变本。吾怪夫后之议法者偶有意见，妄逞聪明，不知前人立法千思万虑而后决。后人之所以新奇自喜，皆前人之所以熟思而弃者也，岂前人之见不及此哉！

一五七　鳏寡孤独、疲癃残疾、颠连无告之失所者，惟冬为甚。故凡咏红炉锦帐之欢、忘雪夜呻吟之苦者，皆不仁者也。

一五八　天下之财，生者一人，食者九人；兴者四人，害者六人。其冻馁而死者，生之人十九，食之人十一。其饱暖而乐者，害之人十九，兴之人十一。呜呼！可为伤心矣。三代之政行，宁有此哉！

一五九　居生杀予夺之柄，而中奸细之术以陷正人君子，是受雇之刺客也。伤我天道，殃我子孙，而为他人快意，愚亦甚矣。愚尝戏谓一友人曰：『能辱能荣，能杀能生，不当为人作荆卿。』友人谢曰：『此语可为当路药石。』

一六〇　秦家得罪于万世，在变了井田上。春秋以后井田已是十分病民了，但当复十一之旧，正九一之界，不当一变而为阡陌。后世厚取重敛，与秦自不相干。至于贫富不均，开天下奢靡之俗，生天下窃劫之盗，废比闾族

党之法，使后世十人九贫，死于饥寒者多有，则坏井田之祸也。三代井田之法，能使家给人足，俗俭伦明，盗息讼简，天下各得其所。只一复了井田，万事俱理。

一六一　赦何为者？以为冤邪，当罪不明之有司；以为不冤邪，当报无辜之死恨。圣王有大庆，虽枯骨罔不蒙恩。今伤者伤矣，死者死矣，含愤郁郁莫不欲仇我者速罹于法以快吾心，而乃赦之，是何仁于有罪而不仁于无辜也。将残贼幸赦而屡逞，善良闻赦而伤心，非圣王之政也。故圣王眚灾宥过不待庆时，其刑故也不论庆时，夫是之谓大公至正之道。而不以一时之喜滥恩，则法执而小人惧，小人惧则善良得其所。

一六二　庙堂之上聚议者，其虚文也。当路者持不虚之成心，循不可废之故事，特借群在以示公耳。是以尊

者嚅嗫，卑者唯诺，移日而退。巧于逢迎者观其颐指意向而极口称道，他日聚得殊荣；激于公直者知其无益有害而奋色极言，他日中以奇祸。

一六三　近世士风大可哀已。英雄豪杰本欲为宇宙树立大纲常、大事业，今也，驱之俗套，绳以虚文，不俯首吞声以从，惟有引身而退耳。是以道德之士远引高蹈，功名之士以屈养伸。彼在上者据傲成习，看下面人皆王顺长息耳。

一六四　今四海九州之人，郡异风，乡殊俗，道德不一故也。故天下皆守先王之礼，事上接下，交际往来，揆事宰物，率遵一个成法，尚安有诋笑者乎？故惟守礼可以笑人。

一六五　凡名器服饰，自天子而下庶人而上，各有

一定等差，不可僭逼。上太杀是谓逼下，下太隆是谓僭上，先王不裁抑以逼下也，而下不敢僭。

一六六　礼与刑二者常相资也，礼先刑后，礼行则刑措，刑行则礼衰。

一六七　官贵精不贵多，权贵一不贵分。大都之内，法令不行，则官多权分之故也，故万事俱驰。

一六八　名器于人无分毫之益，而国之存亡、民之死生于是乎系。是故衮冕非暖于纶巾，黄瓦非坚于白屋，别等威者非有利于身，受跪拜者非有益于己，然而圣王重之者，乱臣贼子非此无以防其渐而示之殊也。是故虽有大奸恶，而以区区之名分折之，莫不失辞丧气。吁！名器之义大矣哉。

一六九　今之用人，只怕无去处，不知其病根在来

处。今之理财，只怕无来处，不知其病根在去处。

一七○　用人之道，贵当其才；理财之道，贵去其蠹。人君以识深虑远者谋社稷，以老成持重者养国脉，以振励明作者起颓敝，以通时达变者调治化，以秉公持正者寄钧衡，以烛奸嫉邪者为按察，以厚下爱民者居守牧，以智深勇沉者典兵戎，以平恕明允者治刑狱，以廉静综核者掌会计，以惜耻养德者司教化，则用人当其才矣。官妾无慢弃之帛，殿廷无金珠之玩，近侍绝贿赂之通，宠幸无不赀之赏，臣工严贪墨之诛，迎送惩威福之滥，工商重淫巧之罚，众庶谨僭奢之戒，游惰杜幸食之门，缁黄示诳诱之罪，倡优就耕织之业，则理财得其道矣。

一七一　古之官人也择而后用，故其考课也常恕。何也？不以小过弃所择也。今之官人也用而后择，却又以姑息行之，是无择也，是容保奸回也。岂不浑厚？哀哉

万姓矣！

一七二　世无全才久矣，用人者各因其长可也。夫目不能听，耳不能视，鼻不能食，口不能臭，势也。今之用人不审其才之所堪，资格所及，杂然授之。方司会计，辄理刑名；既典文铨，又握兵柄。养之不得其道，用之不当其才，受之者但悦美秩而不自量。以此而求济事，岂不难哉！夫公绰但宜为老而裨谌不可谋邑，今之人才岂能倍蓰古昔？愚以为学校养士，科目进人，便当如温公条议，分为数科，使各学其才之所近，而质性英发能备众长者特设全才一科，及其授官，各任所长。夫资有所近，习有所通，施之政事，必有可观。盖古者以仕学为一事，今日分体用为两截。穷居草泽，止事词章；一入庙廊，方学政

事。虽有明敏之才，英达之识，岂能观政数月便得每事尽善？不免卤莽施设，鹘突支吾。苟不大败，辄得迁升。以此用人，虽尧舜不治。夫古之明体也养适用之才，致君泽民之术固已熟于畎亩之中，苟能用我者，执此以往耳。今之学校，可为流涕矣。

一七三　官之所居曰任，此意最可玩。不惟取责任负荷之义，任者，任也。听其便宜信任而责成也。若牵制束缚，非任矣。

一七四　厮隶之言直彻之九重，台省以之为臧否，部院以之为进退，世道大可恨也。或讶之。愚曰：天子之用舍托之吏部，吏部之贤不肖托之抚按，抚按之耳目托之两司，两司之心腹托之守令，守令之见闻托之皂快，皂快之采访托之他邑别郡之皂快。彼其以恩仇为是非，以谬妄为情实，以前令为后官，以旧愆为新过，以小失为大辜，密报密收，信如金石，愈伪愈详，获如至宝。谓夷由污，谓骄跖廉，往往有之。而抚按据以上闻，吏部据以黜陟。一吏之荣辱不足惜，而夺所爱以失民望，培所恨以滋民殃，好恶拂人甚矣。

一七五　居官有五要：休错问一件事，休屈打一个人，休妄费一分财，休轻劳一夫力，休苟取一文钱。

一七六　吴越之战利用智，羌胡之战利用勇。智在相机，勇在养气。相机者务使鬼神不可知，养气者务使身家不肯顾，此百胜之道也。

一七七　兵以死使人者也。用众怒，用义怒，用恩怒。众怒仇在万姓也，汤武之师是已。义怒以直攻曲也，三军缟素是已。恩怒感激思奋也，李牧犒三军，吴起同甘

事。思有退變之木，英法之况。已能遠歲數凡事每事凡

善。不免因葬濟設，歐實文部。若不大敬，轉節任牛。以

此用人。事欲不離不治。夫古之理体也事理用之木，數枯海

民之本固已繁干要由之中，若能用故者，執此以往耳。今

之學校，可以流派矣。

一七三　可之所固日在，是意最可行。不通取責在

負荷之文，在任者在位也。只其便宜信任而責成之。若今輒

東海，非在矣。

一七四　專兼之信直通之七事，合以之大臣滅各。

詣院以之去違。再通大可政也。敗守之。遇曰：天下

用令若之事部。事部不肯若之與故。若故之耳目，先

之再可。再可之心眼若若之中今。中今之見回若之中年。中

宜之來尤先若之命官之部。非年。敢其以罔知若是非，以

官箴要

六六

之子安治情之。以前今去行宣。以古政若新法。以小大若去大

事。路由宗路。合與之金。恭之金。敵得至正也。通事由治。

通條語廉。往往有之。而欲於諾以上同，其語諸以豐德。

一其之未率不足虛。而本乎姻以未足盛。若乎而以[illegible]

爽。病婦人甚矣。

一七五　得有可有五事。體韻一件事。本固打一个

人。休宗要一分。具。休亦守一夫力。休亦取一文錢。

一七六　只邀之設約用智。善趙之設約用事。智在

相机。專在養之。相机者多須惠不可知。養之者多須身

家不肯順。其百年之讀者也。

一七七　共以死使人者也。用父兹。用父兹。用恩

察。众兹先在力理去。法救之主是已。父兹以直攻曲。去也。

三年海泰泉已。恩感激思母去。本安無三卷。只恐回忆廿

苦是已。此三者，用人之心，可以死人之身，非是皆强驱之也。猛虎在前，利兵在后，以死殴死，不战安之？然而取胜者幸也，败与溃者十九。

一七八　寓兵于农，三代圣王行之甚好，家家知耕，人人知战，无论即戎，亦可弭盗，且经数十百年不用兵。说用兵，才用农十分之一耳。何者？有不道之国则天子命曰：『某国不道，某方伯连帅讨之。』天下无与也，天下所以享兵农未分之利。春秋以后，诸侯日寻干戈，农胥变而为兵，舍穑不事则吾国贫，因粮于敌则他国贫。与其农胥变而兵也，不如兵农分。

一七九　凡战之道，贪生者死，忘死者生，狃胜者败，耻败者胜。

一八〇　疏法胜于密心，宽令胜于严主。

一八一　天下之事倡于作俑而滥于助波鼓焰之徒，至于大坏极敝，非截然毅然者不能救。于是而犹曰循旧安常，无更张以拂人意，不知其可也。

一八二　在上者能使人忘其尊而亲之，可谓盛德也已。

一八三　因偶然之事，立不变之法；惩一夫之失，苦天下之人。法莫病于此矣。近日建白，往往而然。

一八四　礼繁则难行，卒成废阁之书；法繁则易犯，益甚决裂之罪。

一八五　为尧舜之民者逸于尧舜之臣，唐虞世界全靠四岳、九官、十二牧，当时君民各享无为之业而已。臣劳之系于国家也，大哉！是故百官逸则君劳，而天下不得其所。

语只已。是三者，用人之心，可以见人之真，非是智识说之也。论事在前，然兵由而，以死图死，不安之心。然而要理者事也，反己涵者十九。

一七八　寓兵于农，三代圣王行之甚安，家家知耕，人人知战，无论贤否，亦可得资。且数十百年不用兵。说用兵，本用农十分之一耳。何者？有不道之国，则天子命曰：「某国不道，某方伯连帅讨之。」天下无事也。天下所以享兵农未分之利。春秋以后，诸侯日寻干戈，农育变而治兵，舍穑不事，则吾国贫；因粮于敌，则敌国贫。于其农猶变而兵法，不若兵农分。

一七九　凡设之道，令生者死，亦死者生，道理者缘。理慾者理。

一八〇　总法理于容心，鬼令理于声主。

一八一　天下之事恒于希通而溃于思，波发密之年，至于大坏不救，非豪杰奋发者不能救。于是而后先曰：循旧安常，无更张以拂人意，不知其可也。

一八二　在上者能使人忘其尊而亲之，可通盈德也已。

一八三　因偶然之事，立不变之法；徇一夫之失，苦天下之人。法莫病于此矣。近日建白，往往而然。

一八四　礼繁则难行，卒成废阁之书；法繁则易说，益其决裂之罪。

一八五　为尧舜之民者，逸于尧舜之臣。唐虞世界全靠四岳、九官、十二牧，当时君民各享无为之业而已。臣劳之系于国家也，大哉！是故百官逸则君劳，而天下不得其所。

一八六　治世用端人正士，衰世用庸夫俗子，乱世用憸夫佞人。憸夫佞人盛，而英雄豪杰之士不伸。夫惟不伸也，而奋于一伸，遂至于亡天下。故明主在上必先平天下之情，将英雄豪杰服其心志，就我羁靮，不蓄其奋而使之逞。

一八七　天下之民皆朝廷之民，皆天地之民，皆吾民。

一八八　愈上则愈聋瞽，其壅蔽者众也。愈下则愈聪明，其见闻者真也。故论见闻，则君之知不如相，相之知不如监司，监司之知不如守令，守令之知不如民。论壅蔽，则守令蔽监司，监司蔽相，相蔽君。惜哉！愈下之真情不能使愈上者闻之也。

一八九　周公是一部活《周礼》，世只有周公不必有《周礼》，使周公而生于今，宁一一用《周礼》哉！愚谓有周公虽无《周礼》可也，无周公虽无《周礼》可也。

一九〇　民鲜耻可以观上之德，民鲜畏可以观上之威，更不须求之民。

一九一　民情甚不可郁也。防以郁水，一决则漂屋推山；炮以郁火，一发则碎石破木。桀纣郁民情而汤武通之，此存亡之大机也。有天下者之所夙夜孜孜者也。

一九二　天之生民非为君也，天之立君以为民也，奈何以我病百姓？夫为君之道无他，因天地自然之利而为民开导撙节之，因人生固有之性而为民倡率裁制之，足其同欲，去其同恶，凡以安定之使无失所，而后天立君之意终矣。岂其使一人肆于民上而剥天下以自奉哉？呜呼！尧舜其知此也夫。

一八六 治世用端人正士，衰世用庸夫俗子，乱世用
用憸夫佞人。盛，而英雄豪杰之士不伸。夫伸不
伸也，而每于一伸，遂至于亡天下。故明主在上，必先平天
下之情，收其英雄豪杰服其心志，就我驱策，不蓄其奋而使
之乱。

一八七 天下之民民皆朝廷之民，皆吾天子之民，吾
民。

一八八 愈上则愈聋瞽，其壅蔽者众也。愈下则愈
聪明，其见闻者真也。故论见闻，则君之知不如相，相之
知不如监司，监司之知不如守令，守令之知不如民。论壅
蔽，则守令蔽监司，监司蔽相，相蔽君。呜呼！愈下之真
情不能使愈上者通之也。

一八九 周公是一部活《周礼》，世只有周公不必有

《周礼》，使周公而生于今，宁一一用《周礼》哉！愚谓有周
公是无《周礼》可也。无周公是无《周礼》可也。

一九〇 民犹再可以观上之德，民犹再可以观上之
威，更不须求之民。

一九一 民情其不可遏也。可以遏水，一决则溃堤
推山。熄以遏火，一发则碎石破木。兼并遏民情而治洪
通之，民存亡之大机也。有天下者之所夙夜孜孜者也。

一九二 天之生民非为君也，天之立君以为民也。
奈何以我病百姓？夫为君之道无它，因天地自然之利而
为民开导鼓舞之。因人主固有之权而为民倡率裁制之。
民其同欲，去其同恶，凡以安定之使无失所，而后天立君
之意深矣。岂其使一人肆于民上而纵天下以自奉哉？必
乎！治辞其宜者夫。

一九三　三代之法，井田学校，万世不可废。世官封建，废之已晚矣。此难与不思者道。

一九四　圣王同民心而出治道，此成务者之要言也。夫民心之难同久矣。欲多而见鄙，圣王识度岂能同之？噫！治道以治民也，治民而不同之，其何能从？即从，其何能久？禹之戒舜曰：『罔咈百姓以从己之欲。』夫舜之欲岂适己自便哉？以为民也，而曰『罔咈』。盘庚之迁殷也，再四晓譬；武王之伐纣也，三令五申。必如此而后事克有济。故曰『专欲难成，众怒难犯』。我之欲未必非，彼之怒未必是，圣王求以济事则知专之不胜众也，而不动声色以因之，明其是非以悟之，陈其利害以动之，待其心安而意顺也，然后行之。是谓以天下人成天下事，事不劳而底绩。虽然，亦有先发后闻者，亦有不谋而断者，亦有拟议已成，料度已审，疾雷迅电而民不得不然者。此

特十一耳、百一耳，不可为典则也。

一九五　人君有欲，前后左右之幸也。君欲一，彼欲百，致天下乱亡，则一欲者受祸，而百欲者转事他人矣。此古今之明鉴，而有天下者之所当悟也。

一九六　『平』之一字极有意味，所以至治之世只说个天下平。或言：水无高下，一经流注无不得平。曰：此是一味平了。世间千种人，万般物，百样事，各有分量，各有差等，只各安其位而无一毫拂戾不安之意，这便是太平。如君说则是等尊卑贵贱小大而齐之矣，不平莫大乎是。

一九七　国家之取士以言也，固将曰言如是行必如是也。及他日效用，举背之矣。今闾阎小民立片纸，凭一

[illegible]

一九八

[illegible]

一九九

[illegible]

二〇〇

[illegible]

官箴荟要

治道

呻吟语

[illegible]

二〇一

余每食虽无肉味，而蔬食菜羹尝足。因叹曰：嗟夫！[illegible]

二〇二

[illegible]

二〇三

[illegible]

二〇四

[illegible]

私？今也不然，人藉之以济私，请托公行；我藉之以市恩，听从如响。而辩言乱政之徒又借曰长厚、曰慈仁、曰报德、曰崇尊。夫长厚慈仁当施于法之所不犯，报德崇尊当求诸己之所得为，奈何以朝廷公法徇人情、伸己私哉？此大公之贼也。

二〇五　治世之大臣不避嫌，治世之小臣无横议。

二〇六　姑息之祸甚于威严，此不可与长厚者道。

二〇七　卑卑世态，袅袅人情，在下者工不以道之悦，在上者悦不以道之工。奔走揖拜之日多，而公务填委；简书酬酢之文盛，而民事罔闻。时光只有此时光，精神只有此精神，所专在此，则所疏在彼。朝廷设官本劳己以安民，今也扰民以相奉矣。

二〇八　天下存亡系人君喜好，鹤乘轩，何损于民？且足以亡国，而况大于此者乎？

二〇九　动大众，齐万民，要主之以慈爱，而行之以威严，故曰『威克厥爱』，又曰『一怒而安天下之民』。若姑息宽缓，煦煦沾沾，便是妇人之仁，一些事济不得。

二一〇　为政以徇私、弭谤、违道、干誉为第一耻，为人上者自有应行道理，合则行，不合则去。若委曲迁就，计利虑害，不如奉身而退。孟子谓枉尺直寻，不可推起来。虽枉一寸，直千尺，恐亦未可也。或曰：处君亲之际，恐有当枉处。曰：当枉则不得谓之枉矣，是谓权以行经，毕竟是直道而行。

二一一　『与其杀不辜，宁失不经』，此舜时狱也。以舜之圣，皋陶之明，听比屋可封之民，当淳朴未散之世，宜无不得其情者，何疑而有不经之失哉？则知五听之法不足以尽民，而疑狱难决自古有之，故圣人宁不明也而不忍不仁。今之决狱辄耻不明而以臆度之见、偏主之失杀人，大可恨也。夫天道好生，鬼神有知，奈何为此？故宁错生了人，休错杀了人。错生则生者尚有悔过之时，错杀则我亦有杀人之罪。司刑者慎之。

二一二　大纛高牙，鸣金奏管，飞旌卷盖，清道唱驺，舆中之人志骄意得矣。苍生之疾苦几何？职业之修废几何？使无愧于心焉，即匹马单车，如听钧天之乐。不然是益厚吾过也。妇人孺子岂不惊炫，恐有道者笑之。故君子之车服仪从足以辨等威而已，所汲汲者固自有在也。

二一三　徇情而不废法，执法而不病情，居官之妙悟也。圣人未尝不履正奉公，至其接人处事大段圆融浑

厚，是以法纪不失而人亦不怨。何者？无躁急之心而不狃一切之术也。

二一四　『宽简』二字，为政之大体。不宽则威令严，不简则科条密。以至严之法绳至密之事，是谓烦苛暴虐之政也。困已扰民，明王戒之。

二一五　世上没个好做底官，虽抱关之吏，也须夜行早起，方为称职。才说做官好，便不是做官的人。

二一六　罪不当笞，一朴便不是；罪不当怒，一叱便不是。为人上者慎之。

二一七　君子之事君也，道则直身而行，礼则鞠躬而尽，诚则开心而献，祸福荣辱则顺命而受。

二一八　弊端最不可开，弊风最不可成。禁弊端于未开之先易，挽弊风于既成之后难。识弊端而绝之，非知

者不能；疾弊风而挽之，非勇者不能。圣王在上，诛开弊端者以徇天下，则弊风自革矣。

二一九　避其来锐，击其惰归，此之谓大智，大智者不敢常在我。击其来锐，避其惰归，此之谓神武，神武者心服常在人。大智者可以常战，神武者无俟再战。

二二〇　御众之道，赏罚其小者，赏罚小则大者劝惩。甚者，赏罚甚者费省而人不惊，明者人所共知，公者不以己私。如是虽百万人可为一将用，不然必劳、必费、必不行，徒多赏罚耳。

二二一　为政要使百姓大家相安，其大利害当兴革者不过什一，外此只宜行所无事，不可有意立名建功以求炬赫之誉。故君子之建白，以无智名勇功为第一。至于雷厉风行，未尝不用，譬之天道然，以冲和镇静为常，疾

风迅雷间用之而已。

二二二　罚人不尽数其罪，则有馀惧；赏人不尽数其功，则有馀望。

二二三　匹夫有不可夺之志，虽天子亦无可奈何。天子但能令人死，有视死如饴者，而天子之权穷矣。然而竟令之死，是天子自取过也。不若容而遂之，以成盛德。是以圣人体群情，不敢夺人之志，以伤天下之心，以成己之恶。

二二四　临民要庄谨，即近习门吏起居常侍之间，不可示之以可慢。

二二五　圣王之道以简为先，其繁者，其简之所不能者也。故惟简可以清心，惟简可以率人，惟简可以省人己之过，惟简可以培寿命之原，惟简可以养天下之财，惟

简可以不耗天地之气。

二二六　圣人不以天下易一人之命，后世乃以天下之命易一身之尊，悲夫！吾不知得天下将以何为也。

二二七　圣君贤相在位，不必将在朝小人一网尽去之，只去元恶大奸，每种芟其甚者一二，示吾意向之所在。彼群小众邪与中人之可善可恶者莫不回心向道，以逃吾之所去，旧恶掩覆不暇，新善积累不及，而何敢怙终以自溺邪？故举皋陶，不仁者远；去四凶，不仁者亦远。

二二八　有一种人，以姑息匪人市宽厚名；有一种人，以毛举细故市精明名，皆偏也。圣人之宽厚不使人有所恃，圣人之精明不使人无所容，敦大中自有分晓。

二二九　申、韩亦王道之一体，圣人何尝废刑名不综核？四凶之诛，舜之申、韩也；少正卯之诛，侏儒之

斩，三都之堕，孔子之申、韩也。即雷霆霜雪，天亦何尝不申、韩哉？故慈父有梃诟，爱肉有针石。

二三〇　三千三百，圣人非靡文是尚而劳苦是甘也。人心无所存属则恶念潜伏，人身有所便安则恶行滋长。礼之繁文使人心有所用而不得他适也，使人观文得情而习于善也，使人劳其筋骨手足而不偷慢以养其淫也，使彼此相亲相敬而不伤好以起争也，是范身联世制欲已乱之大防也。故旷达者乐于简便，一决而溃之则大乱起。后世之所谓礼者则异是矣，先王情文废无一在而乃习容止，多揖拜，姱颜色，柔声气，工颂谀，艳交游，密附耳蹑足之语，极笾豆筐篚之费，工书刺候问之文，君子所以深疾之，欲一洗而入于崇真尚简之归，是救俗之大要也。虽然，不讲求先王之礼而一入于放达，乐有简便，久

二二三八　法不欲骤变，骤变虽美，骇人耳目，议论之媒也。法不欲硬变，硬变虽美，拂人心志，矫抗之藉也。故变法欲详审，欲有渐，欲不动声色，欲同民心而与之反覆其议论。欲心迹如青天白日，欲独任躬行不令左右借其名以行胸臆。欲明且确，不可含糊，使人得持两可以为重轻。欲著实举行，期有成效，无虚文搪塞，反贻实害。必如是而后法可变也。不然，宁仍旧贯而损益修举之。无喜事，喜事人上者之谬也。

二二三九　新法非十有益于前，百无虑于后，不可立也。旧法非于事万无益，于理大有害，不可更也。要在文者实之，偏者救之，敝者补之，流者反之，怠废者申明而振作之。此治体调停之中策，百世可循者也。

二二四〇　用三代以前见识而不迂，就三代以后家数而不俗，可以当国矣。

二二四一　善处世者，要得人自然之情。得人自然之情，则何所不得？失人自然之情，则何所不失？不惟帝王为然，虽二人同行，亦离此道不得。

二二四二　夫坐法堂，厉声色，侍列武卒，错陈严刑，可生可杀，惟吾所欲为而莫之禁，非不泰然得志也。俄而有狂士直言正色，诋过攻失，不畏尊严，则王公贵人为之夺气。于斯时也，威非不足使之死也，理屈而威以劫之，则能使之死而不能使之服矣。大盗昏夜持利刃而加人之颈，人焉得而不畏哉？伸无理之威以服人，盗之类也，在上者之所耻也。彼以理伸，我以威伸，则彼之所伸者盖多矣。故为上者之用威，所以行理也，非以行势也。

二二四三　『礼』之一字，全是个虚文，而国之治乱、家不分贤愚，一番人受其福。此非独人事，气数固然也。故智者乘时因势，不以否为忧，而以泰为俱。审势相时，不决裂于一惩之后，而骤更以一切之法。昔有猎者入山，见驺虞以为虎也，杀之，寻复悔。明日见虎以为驺虞也，舍之，又复悔。主时势者之过于所惩也，亦若是夫。

二五五　法多则遁情愈多，譬之逃者，入千人之群则不可觅，入三人之群则不可藏矣。

二五六　兵，阴物也；用兵，阴道也，故贵谋。不好谋不成。我之动定敌人不闻，敌之动定尽在我心，此万全之计也。

二五七　取天下，守天下，只在一种人上加意念，一个字上做工夫。一种人是那个？曰民。一个字是甚么？曰安。

二五八　礼重而法轻，礼严而法恕，此二者常相权也。故礼不得不严，不严则肆而入于法；法不得不恕，不恕则激而法穷。

二五九　夫礼也，严于妇人之守贞而疏于男子之纵欲，亦圣人之偏也。今舆隶仆僮皆有婢妾娼女，小童莫不淫狎，以为丈夫之小节而莫之问，陵嫡失所，逼妾殒身者纷纷。恐非圣王之世所宜也，此不可不严为之禁也。

二六〇　西门疆尹河西，以赏劝民。道有遗羊，值五百，一人守而待。失者谢之，不受。疆曰：『是义民也。』赏之千。其人喜，他日谓所知曰：『汝遗金，我拾之以还。』所知者从之。以告疆曰：『小人遗金一两，某拾而还之。』疆曰：『义民也。』赏之二金。其人愈益喜。曰：『我贪，每得利则失名，今也名利两得，何惮而不为？』

二六一　笃恭之所发，事事皆纯王，如何天下不平？或曰：才说所发，不动声色乎？曰：日月星辰皆天之文章，风雷雨露皆天之政令，上天依旧笃恭在那里。笃恭，君子之无声无臭也。无声无臭，天之笃恭也。

二六二　君子小人调停，则势不两立，毕竟是君子易退，小人难除。若攻之太惨，处之太激，是谓土障狂澜，灰埋烈火。不若君子秉成而择才以使之，任使不效，而次第裁抑之。我悬富贵之权而示之曰：如此则富贵，不如此则贫贱。彼小人者，不过得富贵耳，其才可以偾天下之事，亦可以成天下之功；可激之酿天下之祸，亦可养之兴天下之利。大都中人十居八九，其大奸凶极顽悍者亦自有数。弃人于恶而迫之自弃，俾中人为小人，小小人为大小人，甘心抵死而不反顾者，则吾党之罪也。噫！此难与君子道，三代以还，覆辙一一可鉴。此品题人物者所以先器识也。

二六三　当多事之秋，用无才之君子，不如用有才之小人。

二六四　肩天下之任者全要个气，御天下之气者全要个理。

二六五　无事时惟有邱民好蹂践，自吏卒以上，人人得而鱼肉之。有事时惟有邱民难收拾，虽天子亦无躲避处，何况衣冠？此难与诵诗读书者道也。

二六六　余居官有六自：簿均徭先令自审，均地先令自丈，未完令其自限，纸赎令其自催，干证词讼令其自拘，干证拘小事令其自处。乡约亦往往行得去，官逸而事亦理，久之可省刑罚。当今天下之民极苦官之繁苛，一匮，惠易穷，威中之惠鼓舞人群，惠中之惠骄驰众志。子产相郑，铸刑书，诛强宗，伍田畴，褚衣冠。及语子太叔，犹有莫如猛之言，可不谓严乎？乃孔子之评子产，则曰惠人也，他日又曰子产众人之母。孔子之为政可考矣。彼沾沾煦煦，尚姑息以养民之恶，卒至废驰玩偈，令不行，禁不止，小人纵恣，善良吞泣，则孔子之罪人也。故曰居上以宽为本，未尝以宽为政。严也者，所以成其宽也。故怀宽心不宜任宽政，是以儒主杀臣，慈母杀子。

二七〇　余息而在沟壑，斗珠不如升糠；裸裎而卧冰雪，败絮重于绣縠。举世用人，皆珠縠之贵也。有甚高品，有甚清流？不适缓急之用，即真非所急矣。

二七一　盈天地间只靠二种人为命，曰农夫、织妇。却又没人重他，是自戕其命也。

二七二　一代人才自足以成一代之治，既作养无术而用之者又非其人，无怪乎万事不理也。

二七三　三代以后，治天下只求个不敢。不知其不敢者，皆苟文以应上也。真敢在心，暗则足以蛊国家，明之足以亡社稷，乃知不敢不足恃也。

二七四　古者国不易君，家不易大夫，故其治因民宜俗，立纲陈纪。百姓与己相安，然后从容渐渍，日新月盛，而治功成。故曰『必世后仁』，曰『久道成化』。譬之天地不悠久便成物不得。自封建变而为郡县，官无久暖之席，民无尽识之官，施设未竟而逸毁随之，建官未久而黜陟随之。方腼熊蹯而夺之薪，方缫茧丝而截其绪。一番人至，一度更张。各有性情，各有识见。百姓闻其政令半不及理会，听其教化尚未及信从，而新者卒至，旧政废阁。

二九一　自家官靠著别人做，只是不肯踏定脚跟挺身自拔，此缙绅第一耻事。若铁铮铮底做将去，任他如何，亦有不颠踬僵仆时。纵教颠踬僵仆，也无可奈何，自是照管不得。

二九二　作『焉能为有无』底人，以之居乡，尽可容得。只是受一命之寄，便是旷一命之官；在一日之职，便是废一日之业。况碌碌苟苟，久居高华。唐虞三代课官是如此否？今以其不贪酷也而容之，以其善夤缘也而进之，国一无所赖，民一无所裨，而俾之贪位窃禄，此人何足责？用人者无辞矣。

二九三　近日居官，动说旧规，彼相沿以来，不便于己者悉去之，便于己者悉存之，如此，旧规百世不变。只将这念头移在百姓身上，有利于民者悉修举之，有害于

民者悉扫除之，岂不是居官真正道理。噫！利于民生者皆不便于己，便于己者岂能不害于民？从古以来，民生不遂，事故日多，其由可知已。

二九四　古人事业精专，志向果确，一到手便做，故孔子治鲁三月而教化大行。今世居官，奔走奉承，簿书期会，不紧要底虚文，先占了大半工夫，况平日又无修政立事之心，急君爱民之志，蹉跎因循，但以浮泛之精神了目前之俗事。即有志者，亦不过将正经职业带修一二足矣。谁始此风？谁甚此风？谁当责任而不易此风？此三人之罪不止于罢黜矣。

二九五　做上官底只是要尊重，迎送欲远，称呼欲尊，拜跪欲恭，供具欲丽，驺从欲都，伺候欲谨。行部所至，万人负累，千家愁苦，即使于地方有益，苍生

何所信从？何所遵守？况加以监司之掣肘，制一愤而不问首之大小，都使之冠；制一衣而不问时之冬夏，必使之服。不审民情便否，先以簿书督责，即高才疾足之士，俄顷措置之功，亦不过目前小康，一事小补，而上以此为殿最，下以此为欢虞，呜呼！伤心矣。先正有言，人不里居，田不井授，虽欲言治，皆苟而已。愚谓建官亦然，政因地而定之，官择人而守之，政善不得更张，民安不得易法。其多事扰民，任情变法，与惰政慢法者斥逐之，更其人不易其治，则郡县贤于封建远矣。

二七五　法之立也，体其必至之情，宽以自生之路，而后绳其逾分之私，则上有直色而下无心言。今也小官之俸不足供饔飧，偶受常例而辄以贪法罢之，是小官终不可设也。识体者欲广其公而闭之私，而当事者又计其

私，某常例、某从来也。夫宽其所应得而后罪其不义之取，与夫因有不义之取也遂俭于应得焉孰是？盖仓官月粮一石而驿丞俸金岁七两云。

二七六　顺心之言易入也，有害于治；逆耳之言裨治也，不可于人。可恨也！夫惟圣君以逆耳者顺于心，故天下治。

二七七　使马者知地险，操舟者观水势，驭天下者察民情，此安危之机也。

二七八　宇内有三权：天之权曰祸福，人君之权曰刑赏，天下之权曰褒贬。祸福不爽，曰天道之清平，有不尽然者，夺于气数。刑赏不忒，曰君道之清平，有不尽然者，限于见闻，蔽于喜怒。褒贬不诬，曰人道之清平，有不尽然者，偏于爱憎，误于声响。褒贬者，天之所恃以为祸

福者也，故曰『天视自我民视，天听自我民听』。君之所恃以为刑赏者也，故曰『好人之所恶，恶人之所好，是谓拂人之性』。褒贬不可以不慎也，是天道、君道之所用也。一有作好作恶，是谓天之罪人，君之戮民。

二七九　而今当民穷财尽之时，动称矿税之害。以为事干君父，谏之不行，总付无可奈何。吾且就吾辈安民节用以自便者言之。饮食入腹，三分银用之不尽，而食前方丈，总属暴殄，要他何用？仆隶二人，无三十里不肉食者，下程饭卓，要他何用？轿扛人夫，吏书马匹，宽然有余，而鼓吹旌旗，要他何用？下莞上簟，公座围裙，尽章物采矣，而满房铺毡，要他何用？上司新到，须要参谒，而节寿之日，各州县币帛下程，充庭盈门，要他何用？前呼后拥，不减百人，巡捕听事，不缺官吏，而司道府官交

界送接，到处追随，要他何用？随巡司道，拜揖之外，张筵互款，期会不遑，而带道文卷尽取抬随，带道书吏尽人跟随，要他何用？官官如此，在在如此，民间节省，一岁尽多，此岂朝廷令之不得不如此邪？吾辈可以深省矣。

二八〇　酒之为害不可胜纪也，有天下者不知严酒禁，虽谈教养，皆苟道耳。此可与留心治道者道。

二八一　簿书所以防奸也，簿书愈多而奸愈黠，何也？千册万簿，何官经眼？不过为左右开打点之门，广刁难之计，为下司增纸笔之孽，为百姓添需索之名。举世昏迷，了不经意，以为当然，一细思之，可为大笑。有识者裁簿书十分之九而上下相安，弊端自清矣。

二八二　养士用人，国家存亡第一紧要事，而今只当故事。

二八三　臣是皋、夔、稷、契，君自然是尧、舜，民自然是唐、虞。士君子当自责我是皋、夔、稷、契否？终日悠悠泄泄，只说吾君不尧、舜，弗俾厥后惟尧、舜，是谁之愧耻？吾辈高爵厚禄，宁不皇汗。

二八四　惟有为上底难，今人都容易做。

二八五　听讼者要如天平，未称物先须是对针，则称物不爽。听讼之时心不虚平，色态才有所著，中证便有趋向，况以辞示之意乎？当官先要慎此。

二八六　天下之势，顿可为也，渐不可为也。顿之来也聚，渐之来也远。顿之著力在终，渐之著力在始。

二八七　屋漏尚有十目十手，为人上者，大庭广众之中，万手千目之地，譬之悬日月以示人，分毫掩护不得，如之何弗慎？

二八八　事休问大家行不行，旧规有不有，只看义上协不协。势不在我，而于义无害，且须勉从，若有害于义，即有主之者，吾不敢从也。

二八九　有美意，必须有良法乃可行。有良法，又须有良吏乃能成。良吏者，本真实之心，有通变之才，厉明作之政者也。心真则为民恳至，终始如一；才通则因地宜民，不狃于法；明作则禁止令行，察奸厘弊，如是而民必受福。故天下好事，要做必须实做，虚者为之，则文具以扰人；不肖者为之，则济私以害政。不如不做，无损无益。

二九〇　把天地间真实道理作虚套子干，把世间虚套子作实事干，吁！所从来久矣。非霹雳手段，变此锢习不得。

所损已多。及问其职业，举是誉文滥套，纵虎狼之吏胥骚扰传邮，重琐尾之文移督绳郡县，括奇异之货币交结要津，习圆软之容辞网罗声誉。至生民疾苦，若聋瞽然，岂不骤贵躐迁，然而显负君恩，阴触天怒，吾党耻之。

二九六　士君子到一个地位，就理会一个地位底职分，无逆料肘之久暂而苟且其行，无期必人之用否而怠忽其心。入门就心安志定，为久运之计。即使不久于此，而一日在官，一日尽职，岂容一日苟禄尸位哉！

二九七　水以润苗，水多则苗腐；膏以助焰，膏重则焰灭。为治一宽，非民之福也。故善人百年始可去杀。天有四时，不能去秋。

二九八　古之为人上者，不虐人以示威，而道法自可畏也；不卑人以示尊，而德容自可敬也。脱势分于堂

阶而居尊之休未尝亵，见腹心于词色而防检之法未尝疏。呜呼！可想矣。

二九九　为政以问察为第一要，此尧舜治天下之妙法也。今人塞耳闭目只恁独断，以为宁错勿问，恐蹈耳软之病，大可笑。此不求本原耳。吾心果明，则择众论以取中，自无偏听之失。心一愚暗，即询岳牧刍荛，尚不能自决，况独断乎？所谓独断者，先集谋之谓也。谋非集众不精，断非一己不决。

三〇〇　治道只要有先王一点心，至于制度文为，不必一一复古。有好古者，将一切典章文物都要产仿太古之初，而先王精意全不理会，譬之刻木肖人，形貌绝似，无一些精神贯彻，依然是死底。故为政不能因民随时，以寓潜移默化之机，辄纷纷更变，惊世骇俗，绍先复